「ベジッティ」で野菜たっぷり

グルテンフリーの
ベジヌードル☆
レシピ

いとうゆき

CONTENTS

PART 1
ベジヌードルって何？

ベジヌードルって何？　8
ベジヌードルの魅力　10
ベジヌードルレシピのアイデア帖　12
ベジッティの上手な使い方　14
ベジッティにオススメの野菜　16

PART 2
ベジパスタ

豆のズッキアラビアータ　20
ズッキペペロンチーノ　22
ズッキナポリタン　23
きのこのズッキパスタ　24
クリームズッキパスタ　25
水菜と油揚げのズッキパスタ　26
塩昆布のにんじんパスタ　27
にんじんボロネーゼ　28
梅と大葉の大根パスタ　30
とろろ納豆大根パスタ　31
大根ジェノベーゼ　32

PART 3
ベジヌードル

ズッキ焼きそば　34
ベジチャプチェ　36
ベジパッタイ　38
大根そばのごまみそだれ　39
キヌアの大根ジャージャー麺　40

PART 4
ベジヌードルスープ

ズッキ麺かぼちゃポタージュ　44
ズッキ麺グリーンカレー　46
ズッキ麺めかぶスープ　47
変わり冷や汁　48
ベジみそラーメン　49
にんじん麺キヌアスープ　50
ベジサンラータン　52
じゃが麺トマトスープ　54
じゃが麺ビシソワーズ　55
ボルシチヌードル　56

PART 5
ベジサラダ

にんじんのハニーマスタード　**60**
にんじんとトマトのサルサ　**61**
にんじんと枝豆の白あえ　**62**
スパイラルピクルス　**63**
４色ナムル　**64**
大根の亜麻仁塩麹　**66**
大根のしょうゆマヨ　**67**
大根のハリハリ漬け　**68**
ビーツと紫キャベツのサラダ　**69**
アマランサスのタラモ風サラダ　**70**
きゅうりとはるさめのサラダ　**72**
長いもと海藻の酢の物　**73**

PART 6
ベジおかず

カラフルいなり寿司　**76**
にんじんとアボカドの揚げ春巻き　**78**
にんじんとひじきの煮物　**79**
ごぼうとコーンのかき揚げ　**80**
ビーツのきんぴら **81**
カラフルベジサンド　**82**
大根ときゅうりの生春巻き　**84**
ハッシュドポテト　**85**
じゃがいもと甘栗のグラタン　**86**

PART 7
ベジデザート

焼きりんご　**90**
りんご入り水ようかん　**91**
りんごの赤ワイン煮　**92**
にんじんの蒸しパン　**93**

COLUMN

1 ベジッティは
アメリカで大人気！　**42**

2 海外のグルテンフリー事情　**58**

3 調味料・素材を厳選して
もっとヘルシーに　**74**

4 ベジッティの進化版
「ベジッティプロ」　**88**

✼ 本書の使い方

＊レシピはすべて 1 人分です。

＊大さじ 1 は 15cc（ml）、小さじ 1 は 5cc（ml）です。

＊麺に使う野菜のおおよその分量（1/2 本とか 3cm などの表記）は、以下の平均値から割り出しています。あくまでも目安として参考にしてください。サイズ表記がないものは「中」です。

ズッキーニ	1 本	200g
にんじん	1 本	150g
大根	小 1 本	800g
じゃがいも	1 個	100g
ごぼう	1 本	200g
きゅうり	1 本	100g
ビーツ	1 個	250g
長いも	直径 6cm　長さ 5cm	100g
りんご	1 個（可食部）	200g

＊最初に野菜を分量の分だけ切ってしまうと、ベジッティで削りにくくなるので、切らずに使うよう注意してください。

PART 1
ベジヌードル
って何?

健康に、美容に、ベジヌードルはいいことたくさん!
その魅力に迫ります。

ベジヌードルって何？

「健康にいい野菜をたくさん食べたい！」
「やせてキレイになりたい！」
「グルテンフリーの食事で体質改善したい！」
　そんな人にオススメなのが、今話題の「ベジヌードル」です。

　ベジヌードルは、その名のとおり「野菜の麺」のこと。ベジヌードルに具やソースをからめれば、グルテンフリーのベジパスタのできあがり。中華麺やうどん、おそばなどのかわりに使うこともでき、バリエーションは豊富です。
　麺として使うほかにも、サラダやスープ、洋食や和食のおかずからデザートまで、レシピは盛りだくさん。生で使ってもいいし、さっと湯通ししたり炒めたり、またせん切りのかわりに使うこともできます。

　でも、どうやって野菜を麺状にするのでしょう？　本書では、アメリカ発で、日本でも人気上昇中のスライサー「ベジッティ」を使っています。野菜を入れてクルクル回すだけで、とっても簡単にベジヌードルができるんです。
　さあ、健康、美容、ダイエットや体質改善に最適のベジヌードルで、おいしいヘルシー生活を始めましょう！

ベジヌードル
の魅力！

グルテンフリー

通常のパスタのかわりにベジヌードルを使えば、小麦などに含まれるグルテンを控えたグルテンフリーのメニューに。体質改善にオススメです。

カロリーオフ

ベジヌードルのカロリーは通常のパスタに比べ、なんと約10分の1！※ 大幅にカロリーダウンできるのです。お腹いっぱい食べても安心ですね。

野菜たっぷり

普段の食生活では不足しがちな野菜を、メインディッシュでしっかりとれるのがベジヌードルレシピ。旬の野菜で食卓を彩りましょう。

※100g当たりのパスタ（茹で）とズッキーニで比較
『日本食品標準成分表2015』より

WHAT'S

酵素がとれる

代謝や消化などの大切な働きをする酵素は、加熱した食材からは摂取できません。生野菜を使うレシピで酵素をたっぷりとりましょう。

糖質オフ

麺やご飯を野菜で代用できるベジヌードルなら、糖質カットにも効果的。通常のパスタと比べると、糖質は約18分の1※まで抑えられるのです！

簡単・ラクラク

野菜をせん切りや細切りにするのは大変ですが、ベジッティで作るベジヌードルなら簡単。包丁やまな板もいらず、洗い物の手間も省けます。

レシピは無限

ベジヌードルはパスタなどの麺料理はもちろん、サラダやスープ、炒め物、揚げ物からデザートまで、さまざまなレシピが可能です。

食感が楽しい

ベジヌードルは、せん切りとはひと味ちがった新鮮な食感。軽く塩をする、ゆでる、炒めるなど、調理次第でいろいろな食感が楽しめます。

11

ベジヌードルレシピ
のアイデア帖

ベジヌードルは、
メインからデザートまで使い方いろいろ
あらゆるレシピにアレンジできます。

1 麺として使う

もっともポピュラーな使い方は、パスタ、中華麺、そば、うどんなどの麺のかわりにすること。ベジヌードルのパスタなら、野菜によってはゆでる手間がいらないので、ソースをからめるだけであっという間にできあがります。

2 切っておかずやデザートに

野菜や果物の細切り、せん切りとして使うのもオススメ。包丁で切るよりも簡単で、誰でもきれいに作れるので、おかずやデザートの下ごしらえも手早くできます。

3 かさ増しでカロリーオフ

パスタやうどんなどのいつもの麺に混ぜて使うのも、ひとつのアイデアです。野菜で麺の量が減る分、低カロリーでヘルシーに。2種類の麺でちがった食感も楽しめます。

4 干し野菜にする

野菜を干すとうま味が凝縮されるうえ、保存にも便利。スライスしたら水分をよくふきとり、風通しのいい場所に広げて天日干ししましょう。そのままスープに入れたり、炒めたりして調理します。

【残った野菜の活用法】 ベジティを使うと、最後に少し切れ端が残ってしまいます。それらもレシピにいかしてムダなく使い切りましょう。

ジュースに！
ジュースやスムージーに使いましょう。ミキサーにそのままポンと入れるだけ。

ポタージュに！
細かくきざんでスープの具にしたり、ミキサーにかけてポタージュなどに。

カレーに！
すりおろしてカレーに入れれば、野菜の甘みが隠し味になります。

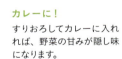

ベジッティ の上手な使い方

アメリカ発、日本でも人気上昇中の「ベジッティ」で、ベジヌードルを作りましょう。
野菜をセットして、クルクル回すだけ！

これがベジッティ！

高さ14cm、直径7cmとコンパクト

野菜が短くなったら使うアタッチメント

ステンレス製の刃で、細長く麺状にスライスできます。刃は細切りと太切りの2種類

1 大きい野菜はカット

まずはじめに、ベジッティにおさまるように、野菜を細長くするのが基本。大根など太い野菜はまわりをカットし、筒状にして、刃に当てやすくします。

2 野菜を入れる

刃の部分に野菜の側面が当たるように、斜めに押しこむようにして入れます。新鮮な野菜を使いましょう。

WHAT'S

3 野菜を回す

押し当てながら回していくと、どんどん麺状にスライスされてきます。うまくスライスされないときは、野菜を手で押さえ、ベジッティ本体を回してください。刃で手を切らないように注意。

4 アタッチメントをつけて回す

野菜が小さくなってきたら、アタッチメントをつけると回しやすいです。アタッチメントの突起部分を野菜にぐっと押しこんでセットし、回します。

5 できた！

細長くクルクルしたベジヌードルのできあがり！そのまま料理に使いましょう。

＊野菜が刃に詰まったときは、直接手で触れず、楊枝や歯ブラシなどで取り除いてください。
＊使用後のお手入れはスポンジなどを使い、絶対に指を入れないようにしてください。

麺の太さは2パターン！

ベジッティの刃は、細切り（写真左）と太切り（写真右）の2種類。レシピに合わせて、好みで使い分けてください。

ベジッティ
にオススメの野菜

ベジッティで使う野菜には、ある程度の長さと硬さが必要です。使いやすい野菜とレシピのポイントを紹介します。

●ズッキーニ（黄・緑）

●ほどよい硬さでスライスしやすいズッキーニは、パスタの麺がわりに最適。ヘタのほうを持ち、下からスライスします。味にクセがないのでいろいろなソースに合い、太麺でゆでる、炒める、紙麺でサラダにするなど、どんなレシピにも合います。

●にんじん

●にんじんも使いやすい野菜です。太いほうから入れて押しこむようにスライスするのがコツ。油と相性のよい脂溶性ビタミンAが豊富なので、生でドレッシングであえたり、炒めたりするのがオススメ。歯ごたえを楽しむなら、細切りで生食がベストです。

● 大根

●スライスしやすい太さにカットしてから使います。カットさえできれば、スライス自体はやりやすいです。水分が多いので、味が薄まって水っぽくならないように注意。生に塩をふったときは、水気をしぼって使いましょう。かさが減るので、たっぷり食べられます。

● じゃがいも

●中～大きめサイズで、細長いメイクイーンが使いやすいです。必ず加熱して使いますが、ゆですぎるとくずれるので短時間でさっとあげること。シャキシャキ感が残るくらいでも余熱で火が入ります。味がからみやすく、スープやサラダにも合います。

● 長いも

●やわらかいので長い麺状にするのにはコツがいりますが、十分に使いやすい野菜です。手がすべらないよう、持つ部分は皮を残してスライスしましょう。生でも食べられるので、サラダやあえ物に。

● ご ぼ う

●太めのしっかりとしたものを選びましょう。クルクルと長い麺状にするのはむずかしいですが、細切りは簡単にできます。油との相性がいいので、揚げ物や炒め物に。

● ビーツ

●ボルシチに欠かせないビーツは生食もできるので、サラダやサンドイッチにもオススメ。炒めてきんぴらなどにも使えます。大きめを選び、スライスしやすいように長めの形に切って使います。

● きゅうり

●水っぽくてタネが多いので、中心がスライスしにくいことも。中心が残るときはほかの料理に使いましょう。スライスしたきゅうりは、生はもちろん、炒めてもおいしく食べられます。

● りんご

●ベジッティサイズにまわりを切って使います。デザートに使うと、シャリシャリした食感がよいアクセントになりますが、火を入れすぎるとくずれやすいので注意。残ったまわりの部分は、飾りなどに使いましょう。

※本書のレシピではこれらの野菜・果物を使用していますが、ほかの野菜でもぜひいろいろ試してみてください。

PART 2
ベジパスタ

ベジヌードルのもっともポピュラーな使い方。
黄ズッキを使えば本物のよう！

野菜の麺でも満足感大！
豆のズッキアラビアータ

PASTA

材料（1人分）

ズッキーニ（黄） 100g（約1/2本）
オリーブ（塩漬け） 6個
にんにく 1片
キドニービーンズ（ゆで） 1/2カップ
トマト缶（角切り） 1カップ
とうがらし（輪切り） 小さじ1
砂糖 小さじ1/2
塩 小さじ1/4
ブイヨン 小さじ1/4
オリーブ油 大さじ1
フレッシュバジル（好みで） 適宜

作り方

1 ズッキーニはベジッティで麺状にする。
2 オリーブは輪切り、にんにくは薄切りにする。
3 フライパンにオリーブ油を熱し、にんにくを軽く炒める。
4 1以外のすべての材料を加える。
5 全体が温まったら、1を加えてソースをからめる。
6 器に盛り、好みでフレッシュバジルをのせる。

＊ズッキーニのかわりににんじんでも。

キドニービーンズは、チリコンカンなどに使われる赤いインゲン豆。ここではキドニービーンズを使いましたが、豆なら何でもおいしくいただけます。大豆、枝豆、ひよこ豆、レンズ豆……お好みの豆でいろいろ試してみてください。

21

にんにくの香りにそそられる
ズッキペペロンチーノ

材料（1人分）

ズッキーニ（緑）　100g（約1/2本）
にんにく　小2片
とうがらし（輪切り）　小さじ1
塩　小さじ1/4
オリーブ油　大さじ1

作り方

1　ズッキーニはベジッティで麺状にする。
2　にんにくは薄切りにする。
3　フライパンにオリーブ油を熱し、にんにく、とうがらしを炒める。
4　1を加えて軽く炒め、塩で味をととのえる。

＊青菜やじゃこを加えると、栄養価もさらにアップしてオススメです。

子どもも大人もみんな大好き
ズッキナポリタン

材料（1人分）

ズッキーニ（黄） 100g（約 1/2 本）
大豆ソーセージ（なければソーセージ）
　3本（60g）
玉ねぎ　1/4 個
ピーマン　1個
ケチャップ　大さじ3
オリーブ油　大さじ1

作り方

1. ズッキーニはベジッティで麺状にする。
2. ソーセージは斜め薄切り、玉ねぎは薄切り、ピーマンはせん切りにする。
3. フライパンにオリーブ油を熱し、**2**を炒める。
4. **1**を加えて軽く炒め、ケチャップで味をととのえる。

＊大豆で作った植物性ソーセージを使えば、ベジタリアン向けのナポリタンになります。
＊ズッキーニのかわりににんじんでも。

きのこにズッキ麺がマッチ
きのこのズッキパスタ

材料 (1人分)

ズッキーニ (黄)　100g (約1/2本)
好みのきのこ (しめじ、まいたけなど)
　80g
玉ねぎ　1/4個
しょうゆ　小さじ2
酒　小さじ2
塩　ひとつまみ
黒こしょう　少々
オリーブ油　小さじ2

作り方

1　ズッキーニはベジッティで麺状にする。
2　しめじやまいたけは石突きをとってほぐす。玉ねぎは薄切りにする。
3　フライパンにオリーブ油を熱し、きのこと玉ねぎを炒める。
4　1を加えて軽く炒め、しょうゆ、酒、塩、黒こしょうで味をととのえる。

＊オリーブ油をバターにかえると、コクが出て風味も増します。

米粉で完全グルテンフリー
クリームズッキパスタ

材料 (1人分)

ズッキーニ（黄）　100g（約1/2本）
マッシュルーム　大3個
玉ねぎ　1/4個
豆乳（または牛乳）　150ml
米粉（なければ小麦粉）　大さじ1
塩　小さじ1/3
オリーブ油　大さじ1

作り方

1　ズッキーニはベジッティで麺状にする。
2　マッシュルームと玉ねぎは薄切りにする。
3　フライパンにオリーブ油を熱し、**2**を炒める。
4　豆乳、米粉、塩を加えて、とろみがつくまで中火で煮る。
5　**1**を加えてクリームをからめる。

＊小麦粉のかわりに米粉を使った完全グルテンフリーレシピです。

ゆずこしょうが効いた大人の味
水菜と油揚げのズッキパスタ

材料 (1人分)

ズッキーニ (黄)　100g (約 1/2 本)
水菜　40g (約 1 茎)
油揚げ　1 枚
しょうゆ　小さじ1
ゆずこしょう　小さじ1/2
ごま油　小さじ2

作り方

1. ズッキーニはベジッティで麺状にする。
2. 水菜は4cm長さに切る。油揚げは細切りにする。
3. フライパンにごま油を熱して、**1**と**2**を軽く炒め、しょうゆ、ゆずこしょうで味をととのえる。

＊ズッキーニのかわりににんじんでも。

鮮やかオレンジで見た目も◎
塩昆布のにんじんパスタ

材料（1人分）

にんじん　100g（約2/3本）
塩昆布　大さじ2
フライドガーリック　大さじ1
ごま油　小さじ2

作り方

1. にんじんはベジッティで麺状にし、さっと湯通しする。
2. ボウルに水気を切った1と、ほかすべての材料を入れて混ぜ合わせる。

＊にんじん麺は湯通ししすぎないように注意。シャキシャキ感を残すのがポイントです。

＊炒めないので、ごま油のかわりに、亜麻仁油や麻の実油など非加熱で使いたい油もオススメ。

麺もソースもにんじん！
にんじんボロネーゼ

PASTA

材料（1人分）

にんじん　麺 100g ＋ソース 20g ＝ 120g
　（約 4/5 本）
玉ねぎ　1/4 個
にんにく　1 片
干ししいたけ　2 枚
松の実　大さじ 2
ケチャップ　大さじ 3
しょうゆ　小さじ 1/2
オリーブ油　小さじ 2
パセリ（好みで）　適宜

作り方

1. にんじん 100ｇはベジッティで麺状にし、さっと湯通しする。残り 20ｇはすりおろす。
2. 玉ねぎ、にんにくはみじん切り、干ししいたけは戻してみじん切り、松の実は粗みじん切りにする。
3. フライパンにオリーブ油を熱して、にんじんすりおろしと **2** を加えて炒め、ケチャップ、しょうゆで味をととのえる。
4. 器に水気を切ったにんじん麺を盛りつけ、**3** をのせる。好みで、みじん切りにしたパセリを散らす。

＊ 松の実のかわりにくるみやアーモンドでも。

にんじん麺は湯通し
しすぎないように注意。
シャキシャキ感を残す
のがポイントです。

食欲のない暑い日にぜひ
梅と大葉の大根パスタ

材料（1人分）

大根　100g（小約4cm）
梅干し　1個
大葉　1枚
みりん　小さじ1
ごま油　小さじ1
白すりごま　小さじ1

作り方

1. 大根はベジッティで麺状にする。
2. 梅干しは種を取ってフォークでつぶす。大葉はせん切りにする。
3. ボウルに梅干し、みりん、ごま油を入れて混ぜ合わせる。
4. 1をあえて器に盛り、白すりごまを散らして、大葉をのせる。

たっぷり酵素でお腹スッキリ
とろろ納豆大根パスタ

材料（1人分）

大根　100g（小約4cm）
長いも　30g
あさつき　1/3本
納豆　1パック
しょうゆ　大さじ1
みりん　大さじ1
砂糖　小さじ1/4

作り方

1　大根はベジッティで麺状にする。
2　長いもはすりおろす。あさつきは小口切りにする。
3　ボウルにしょうゆ、みりん、砂糖を入れて混ぜ、納豆を加えてさらによく混ぜる。
4　器に**1**を盛り、長いもと**3**をのせて、あさつきを散らす。

＊生の大根麺はシャキシャキした食感が特徴ですが、すぐに食べないときは、塩をふり水気を絞ってから味つけすると水っぽくなるのを防げます。

ソースに大根麺をあえるだけ
大根ジェノベーゼ

材料（1人分）

大根　100g（小約4cm）
バジルの葉（好みで）　1枚

＜ソース（作りやすい量）＞
フレッシュバジル　30g（約2カップ）
松の実　35g（約1/3カップ）
みそ　大さじ1/2
にんにく（すりおろし）　小さじ1/2
塩　小さじ1/4
オリーブ油　50ml

作り方

1. 大根はベジッティで麺状にする。
2. フードプロセッサーにソースの材料を入れ、なめらかになるまで混ぜる。
3. ボウルに**1**を入れて、適量（大さじ1〜2ぐらい）の**2**であえ、器に盛る。好みでバジルの葉をのせる。

＊ジェノベーゼソースは、ふた付きの保存容器に入れて冷蔵庫で1ヶ月ほど保存可能。表面にラップをかぶせると変色を防ぎます。

本物と変わらないおいしさ
ズッキ焼きそば

材料（1人分）

ズッキーニ（緑）　100g（約1/2本）
テンペ（なければ厚揚げ）　50g
玉ねぎ　1/4個
にんじん　2cm
キャベツ　小1枚
ソース　大さじ2
ごま油　大さじ1
青のり（好みで）　適宜

作り方

1. ズッキーニはベジッティで麺状にする。
2. テンペと玉ねぎは薄切り、にんじんは斜めせん切りにする。キャベツは一口大に切る。
3. フライパンにごま油を熱し、テンペを炒める。
4. 玉ねぎ、にんじん、キャベツを加えて炒め、玉ねぎがしんなりしたら1を加えて軽く炒める。
5. ソースで味をととのえ、器に盛って好みで青のりをかける。

＊ズッキーニのかわりににんじんでも。

テンペは、大豆をゆでてテンペ菌で発酵させたインドネシアの伝統食材。納豆のような粘り気はなく臭みも少ないため、和洋問わず幅広く使えます。お肉のかわりに大豆たんぱくとして使うと、食べごたえも十分。大豆イソフラボン、食物繊維、ミネラル類が豊富です。

はるさめに野菜麺を合わせて
ベジチャプチェ

材料（1人分）

ズッキーニ（黄）　30g（約1/6本強）
にんじん　30g（約1/5本）
はるさめ　30g
きくらげ（乾）　3枚
白ごま　小さじ1
ごま油　小さじ2
A
　砂糖　大さじ1/2
　しょうゆ　小さじ2
　みりん　小さじ1
　にんにく（すりおろし）　1/4片
　ごま油　小さじ1

作り方

1　ズッキーニ、にんじんはベジッティで麺状にする。
2　はるさめは熱湯で10分ほどゆで、ざるに上げて水気を切る。
3　きくらげは戻してせん切りにする。
4　ボウルにAを入れて混ぜ合わせる。
5　フライパンにごま油を熱し、はるさめときくらげを炒める。
6　1を加えて軽く炒め、4を回しかける。
7　器に盛って、白ごまを散らす。

＊チャプチェは、はるさめと細切り野菜などを炒めた韓国料理。ベジッティなら、具材を切る手間が省け、食感の違いも楽しめます。

＊具材に、にらやきゅうりを加えてもおいしいです。

身近な調味料で本格タイの味
ベジパッタイ

材料（1人分）

ズッキーニ（緑）
　60g（約1/3本強）
にんじん
　40g（中約1/4本弱）
厚揚げ　60g
にら　15g（約3茎）
もやし　50g（約1/5袋）
ピーナッツ　大さじ1
ごま油　小さじ2

パクチー（好みで）
　適宜
A
｜ソース　大さじ1
｜砂糖　大さじ1
｜豆板醤　小さじ1/3
｜塩　ひとつまみ

作り方

1　ズッキーニ、にんじんはベジッティで麺状にする。
2　厚揚げは薄切り、にらは4cm長さに切る。ピーナッツは粗みじん切りにする。
3　ボウルにAを入れて混ぜ合わせる。
4　フライパンにごま油を熱し、厚揚げともやしを炒める。
5　1とにらを加え、さらに3を加えて味をととのえる。
6　器に盛って、ピーナッツを散らし、好みでパクチーをのせる。

そばと大根麺の食感の違い
大根そばのごまみそだれ

材料（1人分）

大根　60g（小約 2.5cm）
そば（乾）　50g

＜ごまみそだれ＞
練りごま　大さじ1
みそ　小さじ2
しょうゆ　小さじ1/2
水　50ml
白すりごま　大さじ1

作り方

1. 大根はベジッティで麺状にする。
2. そばはゆでて水を切り、ボウルで1と合わせて器に盛る。
3. 器にごまみそだれの材料を入れて混ぜ合わせ、2に添える。

話題のキヌアをひき肉に見立てて
キヌアの大根ジャージャー麺

NOODLES

材料（1人分）

大根　100g（小約4cm）
キヌア　大さじ1と1/2
干ししいたけ　2枚
長ねぎ　5cm
しょうが　1片
ごま油　小さじ2
あさつき（好みで）　適宜
A
　だし汁　50ml
　みそ　小さじ2
　砂糖　小さじ2
　米粉（なければ小麦粉）　小さじ1
　しょうゆ　小さじ1/2
　塩　ひとつまみ

作り方

1　大根はベジッティで麺状にする。
2　キヌアは熱湯で15分ほどゆで、茶こしにあげて水気を切る。
3　干ししいたけは戻してみじん切り、長ねぎ、しょうがもみじん切りにする。
4　ボウルにAを入れて混ぜ合わせる。
5　フライパンにごま油を熱し、キヌア、干ししいたけ、長ねぎ、しょうがを炒める。
6　1を加えて4を注ぎ、とろみがつくまで中火で温める。
7　器に盛って、好みであさつきの小口切りを散らす。

＊みそを豆みそにすると、より深みが出ます。

キヌアは糖質の少ない雑穀で、たんぱく質、ミネラル、食物繊維、ビタミンE、ビタミンB$_2$などを豊富に含むスーパーフード。リゾット、ピラフはもちろん、加熱してサラダに加えたり、スープや煮こみ料理に入れたりと、使い勝手も抜群です。

COLUMN 1

ベジッティはアメリカで大人気！

「ベジッティ」は 2014 年にアメリカで生まれました。もともと野菜を麺状にする機械はありましたが、大きくて値段も高く、あまり一般的ではありませんでした。

そこに登場したのが、安価で手軽なベジッティ。ベジヌードルのおいしさはもちろん、「野菜がたっぷり食べられる！」「健康にいい！」「ダイエットにも！」と、ヘルシー志向のアメリカ人の間でたちまち人気になりました。

今やコンビニやホームセンターで見かけないことはないほど、ポピュラーな存在。発売以来、世界 7ヶ国で 1 千万台を売り上げているというから、人気のほどがうかがえます。またレシピ本も多数発売されて、ランキング上位に上がるほどの人気を集めています。

日本では 2015 年 2 月に、テレビ通販で発売が開始されました。その後、テレビなどで取り上げられて、たちまち人気に。輸入生活雑貨店「PLAZA」では、発売が 6 月だったにもかかわらず、2015 年でいちばん売れたキッチンツールとなりました。

今では、スーパーやホームセンターをはじめ、さまざまなお店でも求めることができます。手軽で、アイデア次第でいろいろ使えるベジッティ。ますます人気が高まりそうです。

アメリカのホームセンターで大々的に売られているベジッティ

PART4
ベジヌードルスープ

ヌードル入りのスープはお腹にやさしいうえに、
食べごたえも十分！

ほっこりやさしく、お腹も満足

ズッキ麺かぼちゃポタージュ

材料（1人分）

ズッキーニ（黄）　60g（約1/3本強）
かぼちゃ　60g（約6cm角）
玉ねぎ　1/4個
水　200ml
豆乳（または牛乳）　150ml
塩　小さじ1/4
オリーブ油　小さじ2
かぼちゃの種（好みで）　適宜

作り方

1. ズッキーニはベジッティで麺状にし、さっと湯通しする。
2. かぼちゃと玉ねぎは薄切りにする。
3. 鍋にオリーブ油を熱し、**2**を炒める。水と塩を加え、かぼちゃがやわらかくなるまで中火で煮る。
4. 火からおろし、粗熱をとってからミキサーにかけてなめらかにする。
5. 鍋に戻し、豆乳を加えて火にかける。
6. **1**を加えて温める。
7. 器に盛り、好みでかぼちゃの種をのせる。

＊ミキサーがない場合は、鍋の中でフォークなどでかぼちゃをつぶすだけでもOK。なめらかさには欠けますが、簡単です。

＊かぼちゃは冷凍品を使ってもOK。

＊ズッキーニのかわりににんじんでも。

SOUP

エスニック好きにはたまらない
ズッキ麺グリーンカレー

材料（1人分）

ズッキーニ（緑） 60g（約 1/3 本強）
青とうがらし（みじん切り） 1本
にんにく・しょうが（すりおろし） 各 1/2 片
カレーパウダー 小さじ2
オリーブ油 小さじ2
A│ ココナッツミルク 100ml
　│ 水 100ml
　│ しょうゆ 小さじ2
　│ みりん 小さじ1
　│ 砂糖 小さじ 1/3

作り方

1 ズッキーニはベジッティで麺状にし、さっと湯通しする。
2 青とうがらしは種を取ってみじん切りにする。
3 ボウルに A を入れて混ぜ合わせる。
4 鍋にオリーブ油を熱し、青とうがらし、にんにく、しょうが、カレーパウダーを炒める。
5 **3** を注いで温め、**1** を加える。

＊ ズッキーニのかわりににんじんでも。

めかぶのとろみでお腹ぽかぽか
ズッキ麺めかぶスープ

材料（1人分）

ズッキーニ（緑）　80g（約1/2本弱）
めかぶ　40g（1パック）
高菜漬け（刻み）　大さじ2
水　250ml
塩　小さじ1/4
ごま油　小さじ2

作り方

1　ズッキーニはベジッティで麺状にする。
2　フライパンにごま油を熱し、1と高菜漬けを軽く炒める。
3　水と塩を加えて温める。
4　沸騰したらめかぶを加えて混ぜる。

＊ズッキーニのかわりににんじんでも。

真夏のお昼はこれで決まり！
変わり冷や汁

材料 (1人分)

きゅうり　80g (小約1本弱)
もめん豆腐　100g (1/3パック)
みょうが　1個
大葉　2枚
だし汁　150ml
練りごま　大さじ1
みそ　小さじ2
白ごま　小さじ1

作り方

1. きゅうりはベジッティで麺状にする。
2. もめん豆腐は湯通しして軽くつぶす。みょうがは薄切り、大葉はせん切りにする。
3. ボウルにだし汁、練りごま、みそを入れてよく混ぜ、**1**と**2**を加える。
4. 器に盛って、みょうが、大葉、白ごまをのせる。

＊ボリュームがほしければ、そうめんを加えても。

ダイエット中でもベジヌードルなら安心
ベジみそラーメン

材料(1人分)

ズッキーニ(黄)　50g(約1/4本)
にんじん　50g(中約1/3本)
キャベツ　1/2枚
長ねぎ　10cm
にんにく　1/2片
しょうが　1/2片
もやし　ひとつかみ
水　250ml
みそ　大さじ2
ごま油　小さじ2

作り方

1. ズッキーニ、にんじんはベジッティで麺状にする。
2. キャベツは一口大に、長ねぎ、にんにく、しょうがはみじん切りにする。
3. 鍋にごま油を熱し、キャベツ、長ねぎ、にんにく、しょうが、もやしを炒める。
4. 1を加えて軽く炒め、水を加える。沸騰したら火を止めてみそを溶く。

＊ 具の野菜はなんでもOK。冷蔵庫の残り野菜でさまざまにアレンジしてください。

スーパーフードでパワフルに！
にんじん麺キヌアスープ

材料 (1人分)

にんじん　100g（約2/3本）
キヌア　大さじ1
にんにく　1/2片
クミンシード　小さじ1/2
水　300ml
塩　小さじ1/4
ターメリックパウダー　少々
オリーブ油　小さじ2

作り方

1 にんじんはベジッティで麺状にする。
2 にんにくはみじん切りにする。
3 鍋にオリーブ油、にんにく、クミンシードを入れて火を入れ、クミンシードのまわりに泡が出てきたら**1**とキヌアを加えて軽く炒める。
4 水、塩、ターメリックパウダーを加えて、キヌアがやわらかくなるまで15分ほど煮る。

＊にんにくとクミンシードを焦がさないように注意して、油に香りを移すのがコツ。

SOUP

にんじんのかわりにズッキーニでも。

疲労回復にオススメ

ベジサンラータン

材料（1人分）

にんじん　80g（約1/2本弱）
たけのこ（ゆで）　30g
干ししいたけ　1枚
長ねぎ　5cm
しょうが　1/2片
とうがらし（輪切り）小さじ1/2
だし汁　250ml
酢　大さじ1
しょうゆ　大さじ1
ブイヨン　小さじ1/4
塩　小さじ1/4
片栗粉　小さじ2
ごま油　大さじ1
チャービル（好みで）　適宜

作り方

1　にんじんはベジッティで麺状にする。

2　たけのこは薄切り、干ししいたけは戻して薄切り、長ねぎ、しょうがはみじん切りにする。

3　鍋にごま油を熱し、2ととうがらしを炒める。

4　1を加えて軽く炒め、だし汁、酢、しょうゆ、ブイヨン、塩を加えて強火にかける。

5　沸騰したら中火に落とし、同量の水で溶いた片栗粉を加えて、とろみが出るまで木べらで混ぜる。

6　器に入れ、好みでチャービルをのせる。

SOUP

じゃがいもの食感が楽しい
じゃが麺トマトスープ

材料 (1人分)

じゃがいも　100g (約1個)
トマト缶 (角切り)　1/2カップ
にんにく　1/2片
水　150ml
ケチャップ　大さじ1
砂糖　小さじ1と1/2
ブイヨン　小さじ1/4
塩　少々
オリーブ油　小さじ2
イタリアンパセリ (好みで)　適宜

作り方

1 じゃがいもはベジッティで麺状にし、軽くゆでる。
2 にんにくは薄切りにする。
3 鍋にオリーブ油を熱し、にんにくを炒める。
4 トマト缶、水、ケチャップ、砂糖、ブイヨン、塩を加えて中火にかけ、温まったら1を加える。
5 器に盛り、好みでイタリアンパセリをのせる。

じゃがいものダブル使い
じゃが麺ビシソワーズ

材料（1人分）

じゃがいも　麺100g＋スープ 20g＝120g（大きめの中約1個）
玉ねぎ　1/4個
水　200ml
豆乳（または牛乳）　150ml
ブイヨン　小さじ1/4
塩　小さじ1/4
オリーブ油　小さじ2
黒こしょう（好みで）　適宜

作り方

1. じゃがいも100ｇはベジッティで麺状にし、軽くゆでる。残りのじゃがいも、玉ねぎは薄切りにする。
2. 鍋にオリーブ油を熱して**2**を炒め、水、ブイヨン、塩を加えて、じゃがいもがやわらかくなるまで中火で煮る。
3. 火からおろし、粗熱をとってからミキサーにかけてなめらかにする。
4. 鍋に戻し、豆乳を加えて温める。
5. 火からおろし、冷蔵庫で冷やす。
6. 器に**1**を入れて**6**を注ぎ、好みで黒こしょうをかける。

ビーツ麺でいただく深紅のスープ
ボルシチヌードル

材料（1人分）

ビーツ　80g（約1/3個）
玉ねぎ　1/4個
マッシュルーム　2個
大豆（ゆで）　1/4カップ
水　250ml
ブイヨン　小さじ1/4
砂糖　小さじ1
塩　小さじ1/2
オリーブ油　小さじ2
サワークリーム（またはヨーグルト）
　大さじ1
パセリ（好みで）　適宜

作り方

1. ビーツはベジッティで麺状にする。
2. 玉ねぎは薄切り、マッシュルームは4等分に切る。
3. 鍋にオリーブ油を熱し、**2**を炒める。
4. **1**を加えて軽く炒め、大豆、水、ブイヨン、砂糖、塩を加えて強火にかける。全体に火が通ったら、火から下ろす。
5. 器に盛り、サワークリームを添えて、好みでみじん切りにしたパセリを散らす。

SOUP

ボルシチで有名なビーツは、かぶのような形ですが、ほうれん草と同じ科の野菜。赤い色はアントシアニンではなくベタキサンチンという色素で、抗酸化作用があります。食物繊維やオリゴ糖も含まれ、腸内環境にもGOOD。生食もできるので、サラダやサンドイッチにも！

COLUMN 2

海外のグルテンフリー事情

　最近よく耳にする「グルテンフリー（GF）」とは、小麦や大麦、ライ麦などの麦類に含まれるたんぱく質＝グルテンを避ける食事療法のこと。

　欧米では、小麦アレルギー疾患やグルテン過敏症による体調不良に陥る人が多いため、グルテンフリーの概念が広まっています。アメリカでは、公的な認定機関「GFCO」などが認証マークを発行し、グルテンフリーのパスタ、ブレッド、シリアル、クッキー、スナック菓子などの商品も市販されています。

　さらに、高級ホテルやヘルシー志向のレストランでは、認証マークを表示したメニューもあるほど。日本ではまだ過敏症は少ないようですが、健康のために小麦粉を控える人も増えてきています。

　おもなグルテンフリー食品は、麦類のかわりに米粉、玄米粉、タピオカ粉、アマランサスなどの雑穀を使っています。本書でも、その観点から、小麦粉を使うレシピでは「米粉」を推奨しています。

　ベジヌードルは、新たなグルテンフリーレシピとしても注目されているのです。

アメリカのグルテンフリー認定機関「GFCO」の認証マーク

米粉は、グルテンフリーはもちろん、ダマになりにくい、揚げ衣のサクサク感アップ、とろみづけにも使えるなど、いいことたくさん

PART6

ベジサラダ

サラダも、ベジヌードルを使えばもっとカンタンで
オシャレな仕上がりに。

食感が楽しいカフェ風サラダ
にんじんのハニーマスタード

材料（1人分）

にんじん　60g（約1/3本強）
くるみ　5粒
パセリ（好みで）　適宜
＜ドレッシング＞
オリーブ油　大さじ1
はちみつ　大さじ1/2
酢　大さじ1/2
マスタード　小さじ1/2
塩　ひとつまみ

作り方

1. にんじんはベジッティで麺状にする。
2. くるみは粗みじん切りにする。
3. ボウルにドレッシングの材料を入れて混ぜ合わせ、**1**と**2**を加えてあえる。
4. 器に盛り、好みでパセリをのせる。

トーストしたバゲットにのせても
にんじんとトマトのサルサ

材料 (1人分)

にんじん　60g (約1/3本強)
トマト　中1個
青とうがらし　1/4本
にんにく (すりおろし)　1/4片
オリーブ油　大さじ1
レモン汁　大さじ1
砂糖　小さじ1/2
塩　ひとつまみ
パクチー (好みで)　適宜

作り方

1. にんじんはベジッティで麺状にする。
2. トマトは角切りにする。青とうがらしは種を取り除いてみじん切りにする。
3. ボウルにすべての材料を入れて混ぜ合わせる。
4. 器に盛り、好みでパクチーをのせる。

＊辛いのが苦手な方は青とうがらしを除いてください。

＊好みでアボカドの角切りを加えてもおいしい。

オレンジ・緑・白のコントラスト
にんじんと枝豆の白あえ

材料 (1人分)

にんじん　40g（約1/3本弱）
枝豆（ゆで）　20粒
A
　もめん豆腐　60g（1/5パック）
　練りごま　大さじ1/2
　しょうゆ　小さじ1/2
　砂糖　小さじ1/2
　しょうが絞り汁　小さじ1/4
　塩　ひとつまみ

作り方

1　にんじんはベジッティで麺状にする。
2　すり鉢にAを入れ、なめらかになるまですりこぎであたる。
3　1と枝豆を加えてあえる。

＊すり鉢がない場合は、フォークなどでつぶしてなめらかにしてください。

持ち寄りパーティにもオススメ
スパイラルピクルス

材料 (1人分)

ズッキーニ（黄、緑）、にんじん、大根
 合わせて 250g

A
|　酢　200ml
|　水　100ml
|　砂糖　大さじ3
|　にんにく　1片
|　ローリエ　2枚
|　塩　小さじ1/2

作り方

1 ズッキーニ、にんじん、大根はベジッティで麺状にし、さっと湯通しする。
2 にんにくは半分に切る。
3 1の水気を切って、熱湯消毒したふた付きの保存容器に入れる。
4 鍋にAを入れてひと煮立ちさせ、冷めたら3に注ぐ。冷蔵庫に入れて保存する。

＊半日たてば食べられます。冷蔵庫で2週間保存可能。

カラフルな色合いを楽しんで
4色ナムル

材料（1人分）

ズッキーニ（黄） 50g（約1/4本）
にんじん 50g（約1/3本）
じゃがいも 50g（約1/2個）
きゅうり 50g（約1/2本）
黒ごま、白すりごま（好みで） 適宜

A
　ごま油 大さじ1と1/3
　にんにく（すりおろし） 1片
　白すりごま 大さじ1強
　塩 小さじ1/2

作り方

1. ズッキーニ、にんじん、じゃがいもはベジッティで麺状にして、軽くゆでる。
2. きゅうりもベジッティで麺状にする。
3. ボウルにAを入れて混ぜ合わせる。
4. **1**と**2**の野菜の水気をしぼり、**3**に加えてあえる。
5. 器に盛り、好みで黒ごま、白すりごまを散らす。

SALAD

野菜をあえるときは手でよくもみこむと、調味料が全体になじみ、味がしみておいしさが増します。

オメガ3たっぷりオイルでヘルシーに
大根の亞麻仁塩麴

材料（1人分）

大根　80g（小約3.5cm）
ブロッコリースーパースプラウト
　　ひとつまみ
亜麻仁油　大さじ2
塩麴　小さじ1

作り方

1　大根はベジッティで麺状にする。
2　ボウルにすべての材料を入れてあえる。

＊亜麻仁油のかわりに、やはり健康にいい麻の実油やエゴマ油でも。

＊大根のかわりににんじんでも。

包丁いらずでラクチン
大根のしょうゆマヨ

材料 (1人分)

大根　80g（小約 3.5cm）
クレソン　30g（約 6 本）
マヨネーズ　大さじ 1 と 1/2
しょうゆ　大さじ 1/2
酢　大さじ 1/2
砂糖　小さじ 1/2

作り方

1. 大根はベジッティで麺状にする。
2. ボウルにすべての材料を入れてあえる。

＊大根のかわりににんじんでも。

大根麺と切干大根の共演
大根のハリハリ漬け

材料（1人分）

大根　60g（小約2.5cm）
切り干し大根　15g
しょうゆ　大さじ1/2
みりん　大さじ1/2
酢　大さじ1/2
砂糖　小さじ1/2
とうがらし（輪切り）　少々

作り方

1. 大根はベジッティで麺状にする。
2. 切干大根は3cm長さに切る。
3. ボウルにすべての材料を入れてあえる。

＊辛いのが苦手な方はとうがらしを除いてください。

＊切り干し大根は戻さなくてOK。生の大根から出る水分で十分に戻り、そのほうが味と歯ごたえがしっかり残るのでオススメです。

ビーツは野菜のスーパーフード
ビーツと紫キャベツのサラダ

材料（1人分）

ビーツ　60g（約1/4個）
紫キャベツ　1/2枚
くるみ　6粒
オリーブ油　大さじ2
酢　大さじ1
砂糖　大さじ1/2
塩　小さじ1/6

作り方

1 ビーツはベジッティで麺状にし、軽くゆでる。
2 紫キャベツはせん切り、くるみは粗みじん切りにする。
3 ボウルに水気を切った1と、ほかすべての材料を入れてあえる。

＊紫キャベツのかわりにキャベツでも。

止まらないおいしさ！
アマランサスのタラモ風サラダ

材料（1人分）

じゃがいも　80g（小約1個）
アマランサス　1/4カップ
マヨネーズ　大さじ2
梅酢　小さじ1

作り方

1. じゃがいもはベジッティで麺状にし、軽くゆでる。
2. アマランサスは熱湯で10分ほどゆで、茶こしにあげて水気を切る。
3. ボウルに**2**を入れ、梅酢をふりかける。
4. **3**に、水気を切った**1**とマヨネーズを加えてあえる。

＊じゃがいものかわりにズッキーニでも。

SALAD

> アマランサスは、ヒユ科の雑穀で、栄養価の高さから「スーパーグレイン＝驚異の穀物」とも呼ばれるスーパーフード。とくに鉄分、マグネシウム、カルシウム、カリウムを豊富に含みます。グルテンフリーで、アレルギーにも安心です。

定番サラダをきゅうり麺で
きゅうりとはるさめのサラダ

材料（1人分）

- きゅうり　30g（約1/3本）
- はるさめ　10g
- ミニトマト　2個
- 酢　大さじ1
- ごま油　大さじ1/2
- しょうゆ　小さじ1
- 砂糖　小さじ1
- 白ごま　小さじ2

作り方

1. きゅうりはベジッティで麺状にする。
2. はるさめはゆでて食べやすい長さに切る。ミニトマトは4等分に切る。
3. 白ごま以外のすべての材料をボウルに入れてあえる。
4. 器に盛って白ごまを散らす。

楽しい食感のさっぱりあえ物
長いもと海藻の酢の物

材料（1人分）

長いも　30g（約1.5cm）
乾燥海藻ミックス　2g
みょうが　1/2個
酢　大さじ2
砂糖　大さじ1
塩　ひとつまみ

作り方

1. 長いもはベジッティで麺状にする。
2. 乾燥海藻ミックスは戻して水気を切る。みょうがは薄切りにする。
3. ボウルにすべての材料を入れてあえる。

＊長いものかわりにきゅうりでも。

COLUMN 3

調味料・素材を厳選してもっとヘルシーに

健康・美容にいい食生活には、よい食材を選ぶことが大切。

野菜などの素材はもちろん、調味料も質のよいものを使いたいですね。和食に欠かせないしょうゆ、みそ、みりんなどは、昔ながらの製法で作られた添加物のないものを選びましょう。

食に敏感な人たちの最近の傾向として、白米、小麦粉、食塩、白砂糖などの「精製された白いもの」は避けることがあります。

白米よりも玄米、小麦粉よりも全粒粉、食塩よりも自然塩、白砂糖よりもはちみつ、メープルシロップ、アガベシロップなどの自然甘味料を選ぶのは、自然に近い丸ごとの状態でとるほうがよいというホールフードにも共通する考え方です。本書のレシピで「塩」「砂糖」と表記されているところは、ぜひ自然塩や自然甘味料を選んでいただければと思います。

どんなオイルを選ぶかも大切ですね。本書ではおもにオリーブ油やごま油を使用していますが、ココナッツオイルや、熱を加えないレシピなら亜麻仁油、エゴマ油、麻の実油なども、健康にいいオイルとしてオススメです。

また、本書では「野菜がたっぷりとれる」ことをテーマにしているため、なるべく動物性食品を使わないレシピを掲載しています。お肉のかわりにテンペや厚揚げ、ソーセージのかわりに大豆ソーセージなどを使っています。あまりなじみのない食材もあるかもしれませんが、ぜひ試してみてください。

話題も弾んでおもてなしに最適
カラフルいなり寿司

材料（1人分）

ズッキーニ（緑）　30g（約1/6本弱）
大根　30g（約1cm）
ビーツ　30g（約1/8個）
ごま油　大さじ1
塩　少々
くるみ、梅肉、黒ごま（好みで）　適宜

＜酢飯＞
米　1合
水　180ml
酢　大さじ2
白ごま　大さじ2
砂糖　小さじ2
塩　小さじ1/2

＜油揚げの煮つけ＞
油揚げ　3枚
だし汁　180ml
しょうゆ　大さじ1
みりん　大さじ1

作り方

1. ズッキーニ、大根、ビーツはベジッティで麺状にし、ごま油で炒めて塩をふる。
2. 米と水を炊飯器に入れて炊く。
3. 炊き上がったら、ボウルに移して粗熱をとってから、砂糖と塩を加え、酢と白ごまを切り混ぜて6等分にする。
4. 鍋に半分に切った油揚げ、だし汁、しょうゆ、みりんを入れ、水気がなくなるまで煮る。
5. **4**に**3**を詰めて形をととのえる。
6. それぞれに**1**をトッピングし、好みで粗みじん切りにしたくるみ、梅肉、黒ごまをのせる。

＊トッピングのベジヌードルは、にんじんやじゃがいもなど、何でも合います。

SIDE DISH

春巻きの具にするこんな使い方も
にんじんとアボカドの揚げ春巻き

材料（1人分）

にんじん　40g（約1/4本）
アボカド　1/2個
にんにく（すりおろし）　1/4片
塩　少々
春巻きの皮　2枚

作り方

1. にんじんはベジッティで麺状にする。
2. **1**にひとつまみの塩（分量外）をふり、小鍋に入れてふたをして中火にかける。蒸気が上がったら弱火に落として、甘い香りがするまで蒸し煮する。
3. ボウルにアボカドを入れてフォークでつぶし、水気を切った**2**とにんにく、塩を加えて混ぜる。
4. **1**を2等分にして春巻きの皮で包み、180℃の油で揚げる。

＊にんじんのかわりにズッキーニでも。

いつものおかずもベジッティで
にんじんとひじきの煮物

材料 (1人分)

にんじん　30g (約 1/5 本)
ひじき (乾)　3g
油揚げ　1/2 枚
水　200ml
しょうゆ　大さじ 1
みりん　大さじ 1
ごま油　小さじ 2

作り方

1. にんじんはベジッティで麺状にする。
2. ひじきは戻す。油揚げは細切りにする。
3. 鍋にごま油を熱し、にんじん、ひじき、油揚げを炒める。
4. 残りの材料を加え、水分がかぶるくらいの量になるまで中火で煮る。

＊ にんじんのかわりにズッキーニでも。

お弁当にもオススメ！
ごぼうとコーンのかき揚げ

材料 (1人分)

ごぼう　80g（約1/2本弱）
コーン　40g
小麦粉　大さじ4
冷水　大さじ3
カレーパウダー　小さじ1/2
塩　小さじ1/3

作り方

1. ごぼうはベジッティで麺状にして、酢水にさらす。
2. ボウルにすべての材料を入れて、さっくりと混ぜ合わせる。
3. 食べやすい大きさにまとめて、180℃の油で揚げる。

＊ ごぼうのかわりににんじんでも。

ベジッティならせん切りも簡単
ビーツのきんぴら

材料 (1人分)

ビーツ　60g（約1/4個）
水　30ml
しょうゆ　小さじ1
みりん　小さじ1
砂糖　小さじ1/2
黒ごま　小さじ1
ごま油　大さじ1

作り方

1 ビーツはベジッティで麺状にする。
2 フライパンにごま油を熱し、**1**を炒める。
3 水、しょうゆ、みりん、砂糖を加えてふたをし、水分がほぼなくなるまで中火で煮る。仕上げに黒ごまを混ぜる。

＊ビーツのかわりに、いつものにんじんやごぼうでも。

大口開けてほおばりたい！
カラフルベジサンド

材料 (1人分)

ズッキーニ (黄・緑合わせて)
　30g (約 1/6 本強)
にんじん　30g (約 1/5 本)
ビーツ　30g (約 1/8 個)
きゅうり　30g (約 1/3 本)
ブロッコリースーパースプラウト
　1/4 カップ
サンドイッチ用食パン　2 枚
A
　練りごま　小さじ 1 と 1/2
　オリーブ油　小さじ 1/2
　レモン汁　小さじ 1

作り方

1. ズッキーニ (黄・緑)、にんじん、ビーツ、きゅうりはベジッティで麺状にする。
2. ボウルに A を入れて混ぜ合わせる。
3. サンドイッチ用食パン 2 枚のそれぞれ片面に A をぬる。
4. ワックスペーパーの上に食パン 1 枚を置き、1 とブロッコリースーパースプラウトを順にのせる。
5. もう 1 枚の食パンをのせてはさみ、ペーパーでぎゅっと包んで両端をテープでとめる。
6. テープで止めた部分を横にして、ペーパーごと包丁で 2 つに切る。

＊具の野菜は何でも OK。ただし、じゃがいもを入れるときはさっとゆでること。

SIDE DISH

野菜の種子を発芽させた新芽＝スプラウトの中でも、とくに栄養価が高いことで知られるブロッコリースーパースプラウト。発芽から 3 日目のものは、肝臓の解毒力を高めるスルフォラファンを通常のブロッコリーの 20 倍も含みます。抗酸化作用による美肌作用も。

野菜がいくらでも食べられる
大根ときゅうりの生春巻き

材料（1人分）

大根　40g（小約1.5cm）
きゅうり　40g（約1/2本弱）
厚揚げ　60g
塩　ひとつまみ
生春巻きの皮　2枚

＜たれ＞
酢　大さじ1と1/2
砂糖　大さじ1と1/2
豆板醤　小さじ1/2
塩　ひとつまみ

作り方

1. 大根、きゅうりはベジッティで麺状にする。
2. 厚揚げは湯通しして細切りにし、塩をふる。
3. ボウルにたれの材料を入れて混ぜ合わせる。
4. 生春巻きの皮に **1** と **2** を入れて巻き、器に盛ってたれを添える。

＊厚揚げのかわりに軽く焼いたテンペを使うと、さらにエスニック風味が増します。

カリカリのアツアツがおいしい
ハッシュドポテト

材料 (1人分)

じゃがいも　40g (約1/2個弱)
片栗粉　大さじ1/2
塩　少々
オリーブ油　大さじ1

作り方

1. じゃがいもはベジッティで麺状にする。
2. ボウルに**1**、片栗粉、塩を入れて混ぜる。
3. フライパンにオリーブ油を熱し、**2**を入れて両面がきつね色になるまで焼く。

＊へらで表面を押しながら、カリカリに焼くのがコツです。

ほっこりおいしい組み合わせ
じゃがいもと甘栗のグラタン

材料 (1人分)

じゃがいも　120g (大きめの中1個)
むき甘栗　10個
玉ねぎ　1/4個
豆乳 (または牛乳)　200ml
米粉 (なければ小麦粉)
　大さじ1と1/2
塩　小さじ2/3
オリーブ油　大さじ1

作り方

1. じゃがいもはベジッティで麺状にし、軽くゆでる。
2. むき甘栗は半分に切る。玉ねぎはみじん切りにする。
3. ボウルに豆乳、米粉、塩を入れて混ぜ合わせる。
4. フライパンにオリーブ油を熱して玉ねぎを炒め、**3**を加えてとろみがつくまで中火にかける。
5. グラタン皿に**1**と甘栗を入れて4を回しかけ、180℃のオーブンで10分ほど焼く。

＊米粉で作るホワイトソースはダマになりにくいので、初心者さんでも簡単にできます。

＊じゃがいものかわりににんじんでも。

SIDE DISH

生栗は鬼皮や渋皮をむいたり、ゆでたりする作業が面倒ですね。甘栗なら季節を問わず使えて、面倒な処理もいらないので、料理に使いやすくてオススメです。

COLUMN 4

ベジッティの進化版
「ベジッティプロ」

　本書で紹介しているベジッティは、コンパクトサイズで使いやすく、お値段も手頃なのが魅力です。ベジヌードルレシピの入門編としてはピッタリです。

　ベジヌードルレシピをもっと作りたい人、さまざまな野菜を試してみたい人には、本格派の「ベジッティプロ」もあります。

　ちょっと場所はとりますが、大きいだけあってより手早く、大量にスライスすることができます。また、ベジッティでは丸い野菜は口径におさまるようにカットしなければなりませんが、ベジッティプロならその必要はありません。りんごや梨などの丸い果物も簡単に麺状にでき、レシピの幅もグンと広がります。

　野菜や果物をセットしてハンドルをクルクル回すだけ。ムダがなく、麺状により長くクルクルにスライスできる本格使用です。

本格派向けのベジッティプロ

ベジッティプロなら紫キャベツもクルクルできます

甘い香りに包まれる
焼きりんご

材料（1人分）

りんご　60g（約1/3個弱）
レーズン　大さじ1
砂糖　小さじ1
シナモンパウダー　少々
ココナッツ油（なければバター）
　小さじ1

作り方

1　りんごはベジッティで麺状にする。
2　ボウルにすべての材料を入れて混ぜ合わせ、アルミホイルに包む。
3　オーブントースターで10分ほど焼く。

＊砂糖をココナッツシュガーや黒砂糖にかえると、さらに深みが出ます。

りんご麺のシャキシャキ感

りんご入り水ようかん

材料 (1人分)

りんご　80g（約1/3個強）
水　200ml
粉寒天　2g
こしあん　120g
塩　ひとつまみ

作り方

1. りんごはベジッティで麺状にする。
2. 鍋にすべての材料を入れて、よく混ぜながら煮立てる。
3. 流しかんに注ぎ、冷蔵庫で冷やし固める。

＊りんごのかわりに洋梨でも。洋梨の場合もりんごと同じように、ベジッティの口径におさまるよう、先に形を整えてから使います。

見た目も華やかな大人のデザート
りんごの赤ワイン煮

材料（1人分）

りんご　60g（約1/3個弱）
好みのドライフルーツ（プルーン、
　アプリコット、いちじくなど）　8個
ポートワイン　200ml
シナモンスティック　1本
クローブ（あれば）　3粒

作り方

1 りんごはベジッティで麺状にする。
2 鍋にすべての材料を入れ、水分が1/3量になるまで中火で煮る。

＊りんごのかわりに洋梨でも。

DESSERT

ビーツやりんごでもおいしい
にんじんの蒸しパン

材料（カップケーキ型4個分）

にんじん　30g（約 1/5 本）
小麦粉　90g
ベーキングパウダー　小さじ1
豆乳（または牛乳）　100ml
油　大さじ1
砂糖　大さじ1
塩　ひとつまみ

作り方

1. にんじんはベジッティで麺状にする。
2. 小麦粉とベーキングパウダーをあわせてふるい、ボウルに入れる。
3. 別のボウルに、人肌に温めた豆乳、油、砂糖、塩を入れて混ぜ合わせる。
4. **2** に **3** を注ぎ、**1**を加えて混ぜてカップケーキ型に流しこむ。
5. 蒸し器で 20 〜 25 分ほど蒸す。

レシピ考案・料理作成	いとうゆき
撮影	森カズシゲ
デザイン	阪戸美穂
パターン	黒木真希（Kuff Luff）
料理スタイリング	櫻田志満
料理アシスタント	植西杏子、船本未来
執筆協力	宮野明子

撮影協力　クック・バイ、UTUWA

協力　テレビショッピング研究所

http://direct-teleshop.jp/shop/g/veggetti/

※ベジッティはこちらの HP でも販売しています

「ベジッティ」で野菜たっぷり

グルテンフリーの
ベジヌードル☆レシピ

著者　いとうゆき

発行　株式会社二見書房
　　　東京都千代田区三崎町 2-18-11
　　　電話　03（3515）2311［営業］
　　　　　　03（3515）2313［編集］

振替　00170-4-2639

印刷　株式会社堀内印刷所

製本　株式会社関川製本所

落丁・乱丁がありました場合は、おとりかえします。
定価はカバーに表示してあります。
ⓒ Yuki Itoh, 2016, Printed in Japan
ISBN978-4-576-16102-0
http://www.futami.co.jp